AF275812

Mario Satz
Ahoras

LA GARÚA
POESÍA · *Haiku, 9*

Primera edición: septiembre de 2024
Dirección: Jesús Aguado y Joan de la Vega

Consejo editorial: Pablo F. Sopuerta, Lola Irún,
Paula Gámiz y Maribel Sola

© del texto, Mario Satz
© La Garúa Libros
Barcelona (España)
www.lagaruapoesia.com

ISBN: 978-84-128186-5-9
Depósito Legal: B 2433-2024

¡Ahora! He aquí el secreto ¡Ahora!
PETER MATTHIESSEN

En el azul de la flor
Que llaman *delphinum*,
Un trazo violeta anuncia el crepúsculo.

Dos silencios exaltan la noche,
El del enjambre estelar
Y el de las abejas en su sueño de miel.

El gato negro
Junto a la alberca
Escucha lo que le dice el agua clara

No está más el almendro
Que alegraba nuestras primaveras.
Sólo vemos sus heridas en círculos
concéntricos.

Una delicada flor lilácea
Corona la fragancia de la menta,
Sorprendida de no ser verde.

Vino una papilio macaón
Y todo el jardín sonrió
Por las estrías de sus alas.

Por donde baja el agua,
Por donde baja el agua
Asciende el secreto de los aromas.

Sopla la brisa marina
Sobre el mediodía de las rosas
Hasta que los pétalos deciden caer.

Venus hizo que el mirto
Heredara las lanceoladas hojas del amor,
Filos para el adiós, ramas para la
          bienvenida.

La sed vegetal es mustia,
La animal jadeante,
La humana febril.

Una garza roba
Alimentos aquí y allá,
Y con risa burlona los come a solas.

El calor achica los últimos pensamientos,
Sus colores se juntan
Antes de decir adiós.

La morera deja caer sus anchas hojas
Con un ruido de áspero papel
Y el amoroso suspiro del árbol que las crió.

El rocío es una lupa
Que la rosa recibe
Para ver mejor sus propias venas.

Corola de ipomea
Que el azul colma
Con el vino denso del solsticio.

Se ha abierto, la mañana,
En la dorada flor de la verdolaga,
Para que el gorrión visite sus dominios.

Leeré la fábula que el agua
Le canta a las orillas
Hasta aceptar lo irreversible.

Por una bella escala de hojas
La hiedra trepa hacia el cielo,
Arte y tarea de la sombra.

En lenta caravana de nubes
El cielo corrige
El ánimo de sus vientos

Hacia el corazón del tallo
Se retraen las últimas gardenias
Temerosas de que su blancura se queme.

A la abeja le gusta el canto
Del aspersor,
No la lluvia que entorpece su vuelo.

En la eléctrica rectitud del cable
El vencejo se peina y descansa
De sus muchas parábolas.

El crujir del bosque dicta
A la transparente cigarra
La intermitencia de su voz.

El sereno dibujó una sutil
Humedad rotatoria
En los tramas de la hierba.

En grisura de ramas
Las tórtolas airean sus disputas
Con alas desiguales.

El dedo despierta en la albahaca
A la reina de las hierbas
Para que arome nuestro gesto.

El cariño anida en los ángulos
Y las oscuras flexiones
El futuro de sus vuelos.

El silencio que la lluvia envía
Como anticipo de su música
Envuelve a las hojas de una rara
somnolencia.

El loro come su ciruela
Mientras rojo y verde expresan
Historias complementarias.

Regresa el abejorro a por el néctar,
Y en el péndulo de la rama
La flor siente orgullo por esa doble visita.

Croa la rana al alba
Para abrirle las puertas al día
Con su viejo saludo anfibio.

Ciertas mariposas aman
En las frutas caídas
La hora en que el verano se rinde.

Es cuando su flor cae a tierra
Que el jazmín vierte al mundo
Su mejor perfume.

La paloma espera, abajo,
Las semillas que deja caer el verdecillo
        arriba.
Así es como la grande depende de lo
        pequeño.

La rota sandía en medio de la calle,
Su dulce sangre para
La fiesta de los gorriones.

Nadie diría al oler de las adelfas
Que en ese rosa ingenuo
El veneno agazapa su intención.

A una orden del sol
El aire vuelve a tocar
Flautas en las cañas.

La rapidez de la lagartija
Admira a la mariposa
Cuando no es ella la víctima.

Qué oro en la savia
Anima al ciprés
A enjoyar sus tardes de dicha.

Con diligencia el verdecillo
Busca en el comedero
Semillas de su mismo color.

En su casa el caracol
Lleva impreso el mapa
De sus viajes.

Se ha reído el mirlo
Al ver sobre la hierba
Un insecto que no lo engañará.

La niña pregunta por qué
Es tan suave el pétalo,
Y se lleva, luego, la mano a la mejilla.

La cigarra tocó el timbre
Y la corteza del pino
Le abrió el palacio de la savia.

Con retazos de realidad
El sueño teje una manta
Para el frío del sueño.

Parece que canta el abejorro
Entre petunia y petunia morada,
Pero es la voz de su vuelo.

Sentado en la tierra
El ajetreado gorrión
Levanta el polvo de su goce.

A la misma distancia de los párpados
Que del corazón,
El beso es, no obstante, inconmensurable.

Tras el peso de la nieve invernal,
Con las ramas como cuerdas rotas,
Está muy callado el ciprés.

Sello de luna sobre los albaricoques,
Vemos la esfericidad de sus límites
Conteniendo la inminente dulzura.

Demasiada transparencia junta,
En los cristales de la arena,
No es más que mullido abandono

Color marfil viejo en la mustia gardenia,
Y un aroma que dice me voy
Oscureciendo las horas.

Lleva escrita, en su elegancia,
La ingravidez del papel que engendró,
Verde papiro de antiguas dinastías.

A los pies de la morera
Gira y gira la lombriz,
Y por los poros de la tierra respira la noche.

Cuántos reinos en semillas
Que el viento dispersa
Coronando paisajes sin fin.

Por este bosque ha pasado
Lentamente la tarde
Con su caricia de brisas íntimas.

Ha caído el muro de la incomprensión
Y ahora hay dos silencios iguales
Y una única sonrisa.

Siete u ocho hojas secas
En medio del verano
Preparan la melodía del otoño.

Hace cosquillas la mañana
A las celestes campánulas,
Pero sólo se ríe el mirlo.

Tres horas escaparon
Del reloj de pared
Hacia el agua del olvido.

Quieren irse, los gráciles convólvulos,
Hacia donde el sol es más franco,
Y en su camino los visitan las hormigas.

En una cesta de pétalos secos
Lo que fueron rosas separadas
Ahora incrementa la fragancia de la tarde.

Cinco dedos tiene,
La minúscula mano del jazmín,
Para estrechar el remoto destello de los
astros.

Menos que la hoja
Huele la flor del mirto,
Más que la hoja la del mandarino.

Si el dondiego evoca la infancia,
Es porque la infancia
También crece de noche.

La hiedra de julio
Dispara perdigones,
Minúsculos frutos que nadie come.

Veinte pinos no son nada
Para la tórtola cenicienta,
Sólo tiene ojos para aquel que más la
protege.

A ras del tejado vuelan los vencejos
Chillándole al crepúsculo
La alegría de sus giros.

Del incendio queda el negro roto,
Y un polvo largo hecho de opacidades
Que intenta iluminar la hierba joven.

La estampa del dragón
En el saliente de la roca
Súbitamente viva por un rayo de sol.

En el bosquecillo de bambú,
Entre la terrosa hojarasca,
El canto solitario de un grillo.

Más lustrosos, aún, los frutos del laurel
Cuando se despide el rocío
Y el árbol abre su abanico de dicha.

Trampa de la telaraña
En la que una descuidada mosca
Descubre la geometría de su muerte.

El cielo tembló
Tras el vuelo de los abejarucos,
También él amante del río.

Orillas de los caminos
En los que crece celeste
Y segura de su altura la achicoria.

Dulce acritud la del albaricoque
Nacido aquí por la deposición de
        un pájaro,
Esperando ofrecer a otro su pulpa madura.

He mordido el corimbo de un hinojo
Hasta que volvió la infancia,
Sus estivales tardes color de fucsia.

Pequeño como un díptero
Me embriago en el interior de una corola,
Y me vuelvo humano para celebrar
      la aventura.

La dorada luna de julio
Por la ventana abierta
Considera suficiente mi sueño.

Qué lejos en el huerto
El perejil del ajo,
Y qué indivisible su sabor en la boca.

A escala humana el aspersor
Acerca el arco iris
Al soleado jardín.

Con sólo una caricia y un frote
La verde ciruela pasa
De mate a brillante.

Sabemos que la luz nos enhebra
Con ondas de ritmo desigual,
Pero ignoramos el fin de su hábito.

Sabor de romero en los labios
Y un camino que se adentra en el bosque,
Solitario.

Con trinos de cristal y voces excitadas
Rozan el viejo nogal los vencejos
Hablando de su inminente caza.

Ancha pervinca sin flores
Dedicada al tapiz de las tardes,
Un caracol revisa sus costuras.

Parece muerta la leñosa madreselva,
Pero les ha dado libertad a sus hojas
Para poder verse por dentro.

Baila la silvestre poácea
Cuando la roza mi mano.
Feliz, parece reclamar la otra.

Un desliz de gotas de agua
Sobre el musgo iluminado
Recuerda tus lágrimas.

Placer de la hora abierta
Sobre la flor del limonero,
Acude para irse y no le importa.

Tizón encendido por la tarde
En el instante en que rabia el viento.
De puro hermoso, se va.

La mano hace crujir el laurel
En la encrucijada del alba
Para evocar el triunfo de la luz

Nunca caen los nidos
Que los polluelos abandonan.
Se hacen árbol en el árbol.

¿Qué disipan las nubes de la inminente
       tormenta?
El trino del petirrojo en el bosque
Bajo la oscuridad a destiempo.

Quien fue niño y anciano
En el mismo lugar
Tarda más en despedirse de lo amado.

Hojas afiladas de la clemátide:
Raspan la piel
Con sus minúsculas púas de amor.

Brillantes restos de la lluvia.
Y la frescura del clima rozando
La orgullosa columna de las lavandas.

Aquí hay un charco
Para que el cielo redescubra
Lo que creyó abandonar.

El agua caída ha soltado
Las piedras del camino
Y ahora se ve, oscura, la tierra que
        sujetaban.

Madrecita brisa para el sorprendido
        hinojo,
Lo envuelve hasta recibir por respuesta
Un aroma a familia y a cocina.

Una disgustada abeja picó la curva
De mi oreja,
Fuego que duele, memoria que despierta.

Al final la mirada se posa
Con más fuerza que la mano,
Explican las imágenes de los sueños.

En el corazón de la cereza,
Como en los estuarios de la sangre,
La noche arremolina su placer.

Mala suerte la del joven verdecillo
Caído del nido
Para fortuna de las hormigas.

A la voracidad del mundo,
Y sólo a ratos,
Únicamente la aplaca la abundancia
        personal.

Oxidadas hojas de castaño
Enrollan en la calle
El crujir del despertar.

Lecho de hojarasca
En el pinar.
Desprende, mullido, un silencio ocre.

Negras semillas del dondiego
Lanzadas como señuelo
Para cazar el mañana.

Por el camino de cada quien
Cada cual halla
Lo perdido por otro.

Pensé que pensaba
Y sólo era un tránsito de sal
Por las membranas del cerebro.

Muy tenues los pronombres
Persisten en poseer
Lo que es de todos y de nadie.

Se partió la roca
Y como un minúsculo punto de luz
            primordial
Un cristal mostró la joyería de los astros.

Busca su reflejo la avispa negra
En la ancha ventana
Hasta que la cárcel transparente la encierra.

Fragancia de albahaca a la altura
De los tobillos
Soñando con llegar a la boca.

Más allá del clima nublado
Y los troncos resquebrajados de los pinos,
Un aire de irremediable nostalgia

Avido pico de la mirla,
Busca con sigilo
La lombriz de cada día.

Han vuelto tres glicinas
A buscar lo que
En abril descubrieron sus hermanas.

Qué lejanas las guitarras del ayer
Y qué entrañable
La canción que vuelve hoy.

Hay un regalo detrás de cada
Recuerdo feliz,
La devolución del aura de la hora.

Lo que oyen las aurículas cordiales
Está más allá del sonido,
En el fondo del fondo de los siglos.

Llegado el ocaso
El dolor es mal amante
Pero buen instructor.

La hierba limón
A lo largo del sendero
Perfuma tus pasos.

No somos náufragos del amor
Sino de sus despojos,
Maderas finas, cartas rotas.

Dos negras mariposas
Bailan ante el ficus
Una danza de acertijos.

Altar de helechos
Que la lluvia barre
Con su inmensa escoba de agua.

Dando de comer
A las carpas rojas
El estanque es una cesta de hervores.

Amor de abejorros
En el nenúfar blanco.
¡Qué dulce es allí la cita!

A ciertas horas el río
Está tan vivo
Que despierta a los muertos.

Adentro de la noche
El poderoso croar de las ranas
Hace temblar palmas y papiros.

Puertas oscuras del sueño,
Llaves claras del amor,
De tan abierta, duele la lucidez.

Hojas africanas de las almas
Que van a partir
Del árbol terrestre al estelar.

Rosas sin fuerza de setiembre,
¡Qué confusos sus pétalos!
Intentando mirar al sol.

Caracoles y restos coralinos
Junta la muchacha morena.
La espuma borda encajes a sus pies.

Garza blanca en
El cielo del amanecer
Abriendo asombros de luz.

El mejor adiós
Tiene un hasta siempre
En el anverso de su dicción.

El hombre probó un fruto desconocido,
Blanca y dulce pulpa
Que aclaró su esclerótica.

Entre todas
Una idea dejó su bandada
Y vino a posarse en mi bosque
    de dendritas.

¡Qué enormes perdigones tiene por
    semillas el loto!
Disparados por la tarde,
A la noche crujen bajo nuestros pasos.

Con resignación se marcha
La noche de setiembre del jazmín.
¡Hallaba tan encantador su aroma!

Caricias del otoño
En procesión de hojas
Que crujen su adiós.

Plenitud de higos en la boca.
Sus estrías son blancas
En la piel morada.

Hemos visto al alba
Asomar su vestido blanco
Tras el baile de mil estrellas.

Un súbito destello
Muestra el mandarino,
Azahar que afirma su existencia.

Pequeñez de la sombra
A los pies del abeto,
Sencilla moneda de paz.